AF199544

Marion Jana Goeritz

Mosaik

Gefühle und Gedanken

Gedichte

Bibliografische Information der Deutschen Nationalbibliothek:

Die Deutsche Nationalbibliothek verzeichnet diese Publikation in der Deutschen Nationalbibliografie; detaillierte bibliografische Daten sind im Internet über http://dnb.dnb.de abrufbar.

Herstellung und Verlag: BoD – Books on Demand, Norderstedt

ISBN: 978-3-7460-1320-6

Herzlich Willkommen liebe Leser,

manchmal erlebte ich schon Situationen, die ich nicht genau durchschauen konnte. Doch mit der Zeit, fügte sich Stück für Stück alles wie ein

Mosaik zusammen und ich wusste, warum ich dies erfahren hatte.

Manchmal gab es für mich Situationen mit anderen Menschen, die ich in aller Konsequenz annehmen musste, weil ich es so fühlte und ging dabei jedoch meinen eigenen Weg. Das war und ist ein Weg zu meinem Seelenfrieden.

Beim Lesen wünsche ich ihnen viel Freude.

Herzlichst

Marion Jana Goeritz

Manchmal

wünsche ich mir

ich könnte meine Träume leben

doch sie scheinen zu groß für mich

manchmal

wünsche ich mir

mein Mut wäre schon geboren

und er zeige mir wie es geht

doch frage ich mich

ob es dann noch mein Weg wäre

wenn ich den Mut verstehe

und wäre mein Verständnis am Erwachen

wer war ich dann zuvor

würde sich es denn jetzt noch lohnen

ich fühle keine Stille

mein Kopf

er denkt so viel

mein Herz

erzählt noch mehr

es ist doch nie zu spät

wenn es um die Liebe geht

und ich gehe dem Mut entgegen

Dem Abend

leise

ein paar schöne Gedanken

vom Tag noch schenken

im Gefühl

Geborgenheit gefunden

Seele

wiegt sich im Anblick

einer ruhigen Nacht

Meine Seele

im Aufwind

mutig losgelöst

fliegt sie in mir

die Zukunft lockt

Manchmal

ist das Leben eben so

das sagte jemand

der es wohl wissen musste

doch

sie hatte ihm nicht geglaubt

glaubte an sich

an ihre Gefühle

an das Gebet

das ihre Seele wiegte

im Dunkel der Nacht

wie eine liebende Mutter ihr Kind wenn es weint

Hast du die Brücke selbst gebaut

dann hast du auch das Recht

sie wieder einzureißen

beende das

was dich nicht glücklich sein lässt

ein falsches Gefühl

ist keine Hilfe

wie kannst du glauben

dass sie noch einmal mit dir darüber sprechen wird

viel zu verletzt ist Herz von deinen Worten

die deine Seele sprach

es ist ein Weg der Veränderung

er macht vielen Angst

nur wenige gehen diesen Weg

sei du ein Mensch der mutig ist

der sich selbst liebt

um andere auch ehrlich lieben zu können

Oh ja

ich kannte das auch einmal

du machtest dich zu einem Bettler

hast deine Träume über Bord geworfen

saßt vor ihrer Tür und weintest wie ein Kind

im Vorübergehen vielleicht

strich sie dir über dein Haar

und Worte wie

alles nicht so schlimm

erreichten dein Herz

doch du fühltest anders

du betteltest um ihre Liebe

doch

du wurdest nicht reich dadurch

bis du erkanntest

du musst etwas tun

das du noch nie getan hattest

Tränen trocknen

aufstehen

und nie wieder an ihrer Tür klopfen

denn

wenn Du du sein willst

brauchst du Mut und dich selbst

vielleicht

auch einen Menschen der dich liebt

so sehr wie du ihn liebst

Es ist nicht ein Tag wie der andere

manchmal

ist der Tag schöner als der zuvor

manchmal

fühlt man intensiver in den Tag hinein

manchmal

nimmt man sich mit allem zurück

und lässt die anderen gewähren

doch nie über einen selbst

du musst kämpfen

du musst ihnen das Pulver stehlen

damit sie nicht mehr auf dich schießen

verstecke dich nicht

so wie du bist zeige dich

doch verletzte auch nicht

sonst ist der Kampf verloren

bevor du aufgestanden bist

Es macht dich nicht mehr traurig

eher ver-rückt

das sie nicht so will

wie du es fühlst

machte sie auch glücklich manche Zeit

begehe du nicht den Fehler

und setze dich hinweg über ihr Gefühl

sie könnte es dir nie verzeihen

ich weiß

viele sagen dieses Seelenband es bleibt

doch wenn ich sie frage

erzählt sie manchmal anders darüber

bei ihr ist nichts wie bei den anderen

und bisher war es auch immer so

sie lässt sich nicht

durch Äußerlichkeiten beeindrucken

durch falschen Spiel

sie fühlt

das wahre Gesicht hinter der Maske

und willst du sie für dich gewinnen

dann nicht nur mit Ehrlichkeit

wahre Liebe

war immer ihr Ziel

Die stillen Momente

das Leise

das sich zu Wort meldet

wenn die Gedanken ruhen

ist oft das

was mich weiterbringt

hinaus

aus dem Schlachtfeld des Tages

hinein

in ein grünes Licht das heilt

Die Wege des Lebens

Mosaik

bis man geht und fühlt

welcher Weg zu einem gehört

weil er sich gut anfühlt

Manchmal schon

kamen sie wieder und wieder

kein Notausgang

nur ich und meine Gefühle

entsetzlich

manchmal befreiend

endlich

Es gab einen Menschen

in eurer Nation

der log das Blaue euch vom Himmel

erzählte Tag und auch des Nachts

ihr kommentiertet wohl sein Gestümmel

die

die hinter die Masken schauten

denen wurde schlecht davon

es waren nur einige

aber ich verstand sie schon

Schmetterlinge

fliegen im Wind

Leichtigkeit gesehen

im Herzen

ein Gefühl der Einsamkeit

das sich ändern darf

und dann

erzählt der Sommerwind

allen die es wissen möchten

was Liebe alles kann

Die Gassen der Vergangenheit

heute sind sie mit Blumen bunt geschmückt

kleine Cafés

laden zum Verweilen ein

und schaut sie

auf eine der Fensterscheiben am Haus gegenüber

findet sie zurück zum Blick

den sie einst hat aus diesem Fenster schweifen lassen

ein Lächeln auf ihrem Gesicht

Ist dein inneres Kind lebendig

schmückt sich mit Herzchen

singt

bis weit in die Nacht

die Lieder die aus dem Radio tönen

erzählt von seinen Träumen

wenn es einmal nicht schlafen kann

hörst du die Liebe stets erzählen

und hörst ihm so gern zu

nimmst du es dann auch

so liebevoll in deinen Arm

und schenkst ihm ein Gefühl der Geborgenheit

das es sein Lächeln

nie verlieren kann

ist dein inneres Kind auch so liebevoll

Für den Menschen

der dich liebt

ist dein Herz

ein Traum aus einem bunten Blütenmeer

dein Duft

schenkt Wärme und Geborgenheit

Worte die du sprichst

erzählen von Wahrheit

auch in der Liebe

deine Arme öffnest du für ihn

und deine Umarmung ist ein goldenes Band

das zärtlich und doch festhält

und du wirst für diesen Menschen

alles sein

was er sich je erträumt hat

Raue Seele

erkannte sich nicht

im Spiegel der Liebe

diamantenglanz zu tief am Grund

doch empor zum Licht

führte ein Weg

die Sonne lockte mit ihrem Spiel

im Spiegel der Liebe sah die raue Seele

einmal nur

die lieblich anmutende Seele gegenüber

und ihr gefiel ihr Licht im Schein des Lebens

raue Seele

du bist wunderbar

machtest dich auf deinen Weg

und dein Mensch wurde glücklicher fortan

erkannte doch er durch dich

die Wunder des Lebens

Auf dem Meer der Unendlichkeit

ein Schiff mit Seelen

es brachte sie zum Ufer des Neuanfangs

licht beladen

in Liebe getaucht

kamen sie zur Erde

erlernten Schmerz

bis die Liebe aufgebraucht

ihr Weg

führte sie zu ihnen zurück in Liebe

nie vergessen

Am Himmel groß

Wolkengesichter

manchmal

weinen sie einfach los

bis von ihnen nichts mehr übrig bleibt

das Blau des Himmels wacht über uns

beim nächsten Besuch wird es anders sein

das war unser Schwur

mit einem Lächeln

das mir seit dem

immer wieder begegnete

und das tut so gut

das ich immer wieder zum Himmel sehe

Es gibt kein Wiedersehen

der Abschied

ein Lied aus dunklen Tränen

spielst nur du

dabei

könntet du es anders komponieren

du hast das studiert

Goldener Schimmer verhüllt

die Stürme der Zeit lassen ihn reisen

über den Meeresboden gleiten

bis sie jemand am Strand findet

der sie dann zum leuchten bringt

ein Geschenk aus lang vergangener Zeit

ein Stein

der die Sonne schenkt

Du hast deine Welt

um meine Welt herum gebaut

beschützt mich immer noch

nach dem Wandel der Zeit

lässt meine Seele bei dir ausruhen

und mein Herz nie allein

dafür danke ich dir

Früher

malte sie sich ein Lächeln ins Gesicht

rot

rosa

violett

doch ihre Augen verrieten sie

sie sah alles nur nicht sich

malte sich aus

das es anderen vielleicht auch so ergeht wie ihr

hielt sich nicht für so wichtig

es in ihrem Leben jedoch zu ändern

bis ihre Seele zu ihr sprach

und sie vertraute ihr

Sie haben nie über Wichtiges gesprochen

sie sprachen lieber über andere

ihr gefiel das nicht

sie wollte raus aus diesem Dreck

und sie machte sich auf ihren Weg

nicht ganz einfach

aber lebenswerter allemal

ihre Gefühle erholten sich

und schaut sie heute zurück

bleibt sie bei sich

und geht weiter ihren Weg

Kann man im Leben etwas versäumen

etwas

das vielleicht doch zu einem gehören wollte

eine Situation

die man nicht wahrhaben mochte

einen Menschen

den man vielleicht vor den Kopf gestoßen

ein Gefühl

das man nicht zugelassen

gibt es ein Schicksal

dann hat man wohl nichts versäumt

Du darfst alles sagen

der Ton

macht die Musik

du darfst alles wagen

wenn es um dein Leben geht

doch möchtest du lieben

ehrlich

musst du sein

verstehen

musst du

wenn

der andere das gleiche tut

Es ist ein aufgemaltes Herz

das sie vom Boden anlächelt

"Für dich"

steht daneben

ein Moment Glückseligkeit geboren

auf dem Weg

den viele beschreiten

wer ist wohl dieser Mensch

der diese schöne Worte schenken darf

sie weiß

diese Worte waren nicht für sie

und doch

ein Lächeln auf ihrem Gesicht

Im Garten der Erinnerung

geh ich manchmal spazieren

sehe sie

die Bilder der Vergangenheit

in mir Stille

Ein wunderbarer Mann erzählte

„Als mein inneres Kind mich fragte

was ist Leben

nahm ich es auf meinen Schoß

und erzählte ihm

von Freude

die man am Besten mit anderen teilt

von Liebe

zu einem Menschen

dem man sich mit ganzen Herzen schenkt

auch von Fehlern

die vielleicht nicht ausbleiben

wenn man Mut hat

einfach etwas auszuprobieren

ich erzählte von Vergebung aus tiefster Seele

von Liebe

die glücklich macht

von dem ganz eigenen Weg

den kein anderer absegnen muss

nur das eigene Gefühl

vom Zuhören

und anderen mit Achtung begegnen

von Umarmungen

die von Herzen kommen

von liebenswerten Worten und Gesten

mein inneres Kind

es sah mich an

lächelte sanft

umarmte mich

und hielt mich ganz fest

ich fühlte mich so glücklich

denn jetzt verstand ich erst"

Sanft

fiel das silberne Mondlicht

durch das Fensterglas

rund

war des Mondes Gesicht

sein Traum der Nacht erzählte er mir

Kälte ergriff nicht mein Herz

seine Ängste erzählten

erinnerte mich jedoch an meinen Traum

den er bunt nicht fühlen mochte

so schlief ich ein

die Sterne sie wachten

träumte allein

bis zum Erwachen

Meiner Seele

bunte Farben

malten Liebe ins Herz

Gestern

ich ging meine Straße entlang

wie so oft schon

vorbei an dem kleinen Blumenlädchen

ein Strauß Tulpen

er lachte mir zu

als wollte er mir tröstend sagen

weißt du es immer noch nicht

kannst du es wirklich nicht fühlen

so lange glaubst du schon

kam mir der Gedanke

ich ging hinein

kaufte mir diesen Strauß

und ging lächelnd davon

die Tulpen verstanden

nur ich nicht

Sonnenstrahlen verschluckt

leuchte meine Seele

lass uns den Weg

der Liebe wählen

Blumen

wachsen auf unseren Wegen

ihr Farbenspiel

erzählt in Träumen

die auf uns warten

gehen wir mutig voran

Manchmal

fragte ich meine Seele

nach dem Warum

die Antwort warf mich um

es war seine Seelentraurigkeit

seinen Mut hatte er wohl irgendwann

an einer Garderobe vergessen

ohne Namensschild

doch er fand zurück zu ihm

Meine Flügel breite ich aus

nicht gebrochen waren sie

kein Weg führt nun vorbei

mein Ziel anzuvisieren

Hoffnung

lebt in mir

das ich es zu meiner Zeit erreichen werde

Manchmal

war es die Erinnerung

die sanft durch meine Seele schlich

leise

berührte sie ihrem Mantel

in diesem Momenten fühlte ich

die Farben

sind noch da

Die besonderen Momente

ich liebe sie

wo das Leben fröhlich tanzt

ich mag das alltägliche Ritual

an dem ich mich halte

um mich zu erden

fühle ich mein Herz

wie es von guten Tagen erzählt

strahlt meine Seele durch ihren Mantel

wie die goldgelbe Sonne

an einem ihrer schönsten Tage

Manchmal

stellen sich die Fragen

manchmal

stellt man sich den Fragen

manchmal

gibt es keine Fragen mehr

dann ist alles klar

wie Kloßbrühe

wie jetzt

Wie ein Planet

so kreist du um die Erde

du kommst einfach nicht von ihr los

du lässt deine Gefühle spielen

du glaubst du bist ganz groß

doch lass dir sagen

treib es nicht zu bunt

schau dich mal um

so wirst du sehen

du schwebst nicht in der ersten Umlaufbahn

da waren andere schneller als du

sie kamen zum eigentlichen Punkt

Wie konnte deine Seele atmen

verhüllt

in einer Rüstung aus Eisen

dein Herz

wie konnte es lieben

in diesem schweren Kettenkleid

es waren die bösen Geister

die du an dunklen Tagen gebetet hattest

dich zu befreien von deiner Vergangenheit

Gott sei Dank

waren auch die anderen da

sie schnitten dein Kleid in Stücke

dein Herz und deine Seele

sie fühlen sich heute glücklich

Weit in der Ferne

noch über dem Horizont

da leuchten kleine Sterne

und sie funkeln die Nächte hell

der Mond er läuft hindurch

durch dieses Sternenzelt

leise mischt er sich unter ihr Volk

und sein helles Licht

ist die Sonne in der Nacht

Stell dir vor

es fliegen Herzen durch die Welt

sie bringen die Botschaft vom Frieden

erzählen von einem anderen Land

wo Menschen leben

die sich alle lieben

Perlen die Regentropfen am Fensterglas hinab

erinnert es mich an die Tränen von gestern

in meiner Stille

wächst nun ein Traum

er erzählt von einer Liebe ohne Schmerz

meine wachsamem Blicke eroberten die Welt

sie füllten die Seele mit Licht

bis mein Herz zum Leuchtfeuer wurde

und Einer hatte es gesehen

Ich träume

ich träume

vor allem von Liebe

sie wohnt in mir

so lange ich lebe

meine Seele

ein Liebesmagnet

nur für den

der mich versteht

dessen Liebe

ich fühlen kann

der mich achtet

und halten kann

einer

der mich auch mag

weil mein Herz

ist auch noch da

Es ist das Licht der Sonne

die das Mondlicht zaubern kann

es sind ihre hellen Strahlen

die mich des Nachts besuchen

sie zeigen mir

das mein Mut wachsen kann

wenn ich nur die Wahrheit sage

Die ganz kleinen Dinge

die

die man nicht gleich sieht

weil sie nicht groß sind

doch weil man sie liebt

sie füllen ein Herz

auch eine Seele

die nahmen den Schmerz

und auch manche Träne

Mein Herz

einst unter Eis

doch du fandest mich

seit dem schwimmt es frei

im Meer

der Glückseligkeit

Du warst mir einfach so passiert

nie suchte ich nach dir

habe dich auch nicht gefunden

dein Gefühl

ohne Vorwarnung war es da

mitten in meinem Leben

manchmal

fragte ich mich

was ist mit mir geschehen

seit ich es fühlte

weiß ich wie sich Liebe anfühlt

doch du scheinst immer so kalt

Geborgen

in einem Mäntelchen aus Sternenglanz

behütet

durch Gottes Hand

schwebt meine Seele

liebevoll

in einer Hülle

aus Gold in mir

In der Farbe des rotes Weinlaubes

im Grün eines Tannenwaldes

noch unerkannt

doch schon so alt

vergessen

und immer wieder neu erwacht

der Tanz der Anderswelt

türkisfarben

leuchten ihre Netze

ziehen an

das auf der Suche ist

das Gewordene

lieb gewonnen

in den Farben drehen sie sich

die Andersweltgefühle

halten fest und lösen auf

leuchten hell bei Tag und Nacht

stehen niemals still

Ruhe

finden sie in sich

einen Ort der Stille

die Elemente drehen sich nicht alle

in alle vier Winde

Im Traum

erwacht durch helle Lichter

immer wieder kreisen sie

durch das Land der heilen Sonne

im Spiegel der Welt gewinnen sie

liebende Seele

im Himmel erkoren

von Engeln und Göttern

für dass nur geboren

im Leben stehen und trotzdem glauben

wir sehen und fühlen

der Himmel ist da

Wie ein liebender Himmelswald

so trägst du deine Blätter

rote Früchte erwachen in ihm

heute fühlen

was wichtig ist

das gestern

noch nicht lebte

Da waren Worte ganz leise

ein Gebet für den Tag

der das Licht einst verschluckte

die Stimme der Seele sprach

glaube an die Kraft

die du im Augenblick fühlst

die Wellen

zogen sich zurück immer mehr

aufgestanden im Dunkeln

ihr Gefühl noch verborgen

ihr eiserner Wille

war geboren um zu überleben

wer trug die Schuld

diese Frage war unerheblich für den Moment

sie ging ihrer Wege aufgerichtet in Kraft

und Liebe

bis in alle Ewigkeit

Von Marion Jana Goeritz ebenfalls
beim Verlag BoD erschienen (BoD
Books on Demand, Norderstedt, nähe-
re Informationen finden Sie unter ww-
w.BoD.de)

„Liebe für die Seele Band 1"
ISBN 978-3-7357-4045-8

„Liebe für die Seele Band 2"
ISBN 978-3-7357-7734-8

„Seelenweiß"
ISBN 978-3-7347-5769-3

„Seelen essen Liebe gern"
ISBN 978-3-7347-8706-5

„SeelenEngel" ein spiritueller Erfah-
rungsbericht
ISBN 978-3-7386-2588-2

„SeelenSchlüssel"
ISBH 978-3-7386-3844-8

„Seelenfarben"
ISBN 978-3-7386-3947-6

„Seelenschimmer"
ISBN 978-3-7386-4014-4

„Seelenfinden"
ISBN 978-3-7386-4037-3

„Ein Gefühl meiner Seele"
ISBN 978-3-7386-1506-7

„Seelenfrieden" Danken, Bitten, Ent-
spannung ein persönlicher Erfahrungs-
bericht
ISBN: 978-3-7386-4884-3

„Seelenweihnacht"
ISBN: 978-3-7386-5616-9

„Im Land unter dem Regenbogen"
Wunderbare Märchen und unglaubli-
che Geschichten
ISBN: 978-3-7392-0115-3

„Freddy und seine Geschichten"
ISBN: 978-3-7386-3321-4

„SeelenWorte"
ISBN: 978-3-7392-0455-0

„Herzanker"
ISBN: 978-3-7392-3482-3

„Im Fluss der Liebe"
ISBN: 978-3-7392-3489-2

„Seelenklänge"
ISBN: 978-3-7392-3532-5

„Liebeslied"
ISBN: 978-3-7392-3548-6

„Wahre Traumtänzerin"
ISBN: 978-3-7392-3556-1

„Emilia Sommerfeld"
ISBN: 978-3-7392-3787-9

„Für mich war es Liebe"
ISBN: 978-3-8423-5362-6

„Kaleidoskop"
ISBN: 978-3-8423-5738-9

„Die verzauberte Wiese"
ISBN: 978-3-7412-0772-3

„Seelenbrücke"
ISBN: 978-3-7412-0890-4

„Wetterleuchten"
ISBN: 978-3-7412-2740-0

„Zentrifuge"
ISBN: 978-3-7412-4011-9

„Für Dich"
ISBN: 978-3-7412-4018-8

„Hannos Geschichten"
ISBN: 978-3-7412-9373-3

„Das Eulenherz"
ISBN: 978-3-7431-0009-1

„Eine Reise irgendwo hin"
ISBH: 978-3-7421-0042-8

„Ist das wirklich wahr?"
ISBN: 978-3-7431-1549-1

„Stille Momente"
ISBN: 978-3-7431-1586-6

„Engelszwirn"
ISBN: 978-3-7431-1594-1

„Anders"
ISBN: 978-3-7448-3582-4

„Wenn es spricht"
ISBN: 978-3-7448-3583-1

„Jonas und die Himmelsleiter"
ISBN: 978-3-7448-5452-8

„Farbenregen"
ISBN: 978-3-7448-5453-5

„Wellenfarbe"
ISBN: 978-3-7448-7311-6

Blanchefleur
ISBN: 978-3-7448-7415-1

„Winterzauber"
ISBN: 978-3-7448-9885-0

„Seele was denkst du dir?"
ISBN: 978-3-7448-9937-6

"Der Südwind
der aus dem Norden kam"
ISBN: 978-3-7448-8206-4

"Erinnerungsblick"
ISBN: 978-3-7460-1281-0

Weitere Informationen zu Neuerschei-
nungen finden Sie immer auf meiner
Seite

www.buchkaleidoskop.Reikipraxis-Goe-
ritz.de